Dr S. ABBATUCCI

Au Contact de la Vie Chinoise

CONFÉRENCE

faite au Théâtre de l'Athénée le 2 Décembre 1922

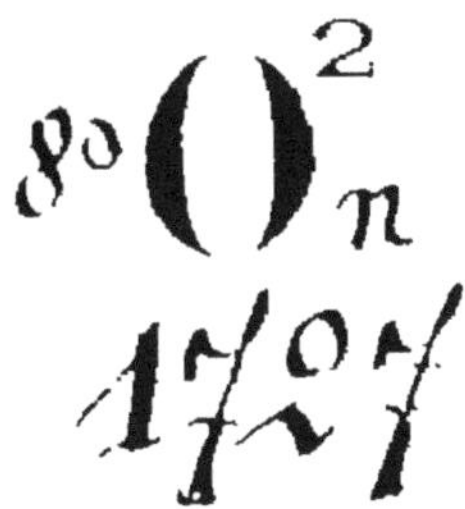

ÉDITIONS DE L'AME GAULOISE
16, Boulevard Montmartre, 16. PARIS (9e)

Au Contact de la Vie Chinoise

Dr S. ABBATUCCI

Au Contact de la Vie Chinoise

CONFÉRENCE

faite au Théâtre de l'Athénée le 2 Décembre 1922

EDITIONS DE L'AME GAULOISE
16, Boulevard Montmartre, 16. PARIS (9e)

Mesdames, Messieurs,

Les hasards de ma carrière coloniale m'ont conduit à passer plusieurs années dans la Chine du Sud, ce sont mes impressions de contact avec le milieu que je vais avoir l'honneur de vous exposer.

A la fin de l'année 1901, je servais comme aide-major aux Tirailleurs Tonkinois, au poste d'Ha-Giang, sur la Rivière Claire, lorsque je reçus l'ordre de me rendre au consulat de Pak-Hoi, dans la Chine du Sud.

Ha-Giang, et les villages de la Haute-Région du Tonkin, habités par des montagnards nomades, sont engloutis dans la forêt tropicale qui entoure d'une noire parure toute la plaine ouverte du Delta.

Ils germent comme une production cryptogamique, au milieu des feuilles pourries et des arbres mouillés, baignés dans les buées chaudes de l'été ou les pluies fines des *crachins* de l'hiver, infiltrés par des odeurs de moisissures, dont mes cantines gardent encore le souvenir. La nuit venue, ils s'immobilisent dans une grisaille silencieuse, qui s'étend sur vous comme un suaire, tandis que sur la frontière voisine, du haut des fortins chinois, résonnent les bruits sinistres des trompes de combat, qui, naguère encore annonçaient les incursions des Pavillons Noirs. L'insalubrité d'Ha-Giang était si notoire que le séjour des Joyeux et des Légionnaires, y tenant garnison, n'était fixé qu'à six mois et que les Annamites du Delta s'y considéraient comme en exil.

Il y a deux moyens pour s'évader de cette prison sylvestre : un chemin à travers bois ou l'artère fluviale. A l'aller, j'avais utilisé le premier : pendant 10 jours, sous une pluie battante et continue, j'avais suivi à cheval, les pieds nus dans les étriers, l'étroit sentier étouffé entre les parois de la végétation tropicale, qui menacent de se rejoindre sur vos pas. Au retour, j'avais descendu en sampan la Rivière Claire.

Ce cours d'eau s'enfonce, comme un long serpent, dans la zône forestière, s'étalant en nappes tranquilles ou dévalant, comme un torrent, par-dessus les remous des rapides, qui montrent les pointes aigües de leurs roches meurtrières. Aux passages dangereux, les Sampanniers, debout à l'avant de leur bateau, répandent sur le fleuve du riz et des papiers dorés, pour se rendre favorables les génies des eaux. Parfois aussi, pendant la nuit, on voit flotter, à la dérive, entre les berges sombres, de petites lumières vacillantes, dansant sur les rides de l'eau, pour éclairer les âmes errantes des morts, noyés daus la Rivière.

A partir de Tuyen-Quang, illustre par un siège mémorable, soutenu par le colonel Dominé, la région devient moins accidentée et des bateaux à vapeur vous conduisent jusqu'à Hanoi. Là, au milieu des fleurs, des rizières et des pagodes, s'est enchassée, comme un joyau, toute une ville où circulent les mœurs et les usages de la patrie française. Car tels sont, en Extrême-Orient les contrastes des civilisations qui s'opposent.

J'allai m'embarquer à Haiphong, sur un petit vapeur de la compagnie Marty, à destination de Pak-Hoi. La traversée était de 18 heures. Je venais à peine d'arriver à bord, lorsque je fus accosté par un personnage bedonnant et hirsute, à la tenue débraillée, qui se présenta comme chancelier du Consulat, où je me rendais moi-même. Au bout de quelques heures de traversée, accompagnées de nombreuses libations alcooliques, son expansion devint extrême et toute son intimité me fut dévoilée. Il proclamait que, doué d'un talent oratoire prestigieux et entraîné aux meetings populaires, il s'était rendu redoutable à son député qui, pour se débarrasser de ses controverses, l'avait transformé en article d'exportation à l'usage d'Extrême-Orient. Son but était de prêcher la croisade pansocialiste parmi les populations du Céleste Empire et de leur ouvrir les voies d'un bonheur inconnu. Fort heureusement, le Consul de France de Pak-Hoi refusa d'avaliser la présence de ce phénomène exotique, précurseur des Bolchevistes, qui s'en fut transporter son éloquence sur le territoire de Quang-Tchéou-Wan, troquant l'écritoire du chancelier contre la valise d'un percepteur local.

Pak-Hoi est une ville de 25.000 habitants, située dans le Quang-Tong, émergée sur un éperon sablonneux, au milieu du golfe du Tonkin. L'agglomération chinoise s'allonge, comme une paresseuse, sur le bord de la mer, partagée en une série de rues étroites et parallèles, encombrées de détritus, où cultive, le microbe des endémies pesteuses. Certaines années, la peste y fait des victimes si nombreuses, que les fabricants de cercueils ne peuvent plus suffire à leur tâche.

On sait que la Chine de cette époque était comme une maison fermée, dont quelques portes d'entrée seulement avaient été laissées entr'ouvertes sur le monde extérieur. Le Port de Pak-Hoi, livré au commerce étranger, depuis 1877, se défendait néanmoins, encore, contre les contacts de la civilisation européenne. Nous y étions accueillis avec le mépris qu'inspirent des « Diables Etrangers », porteurs de maléfices et n'ayant jamais étudié les livres de Confucius et de Lao-Tseu où sont inscrits les principes immuables de la sagesse humaine.

Un Français moderne pourrait difficilement imaginer la structure de ce milieu compliqué, figé dans une routine millénaire, dominé par la Religion des Ancêtres et des superstitions innombrables, des génies effrayants, qui ont enfanté des histoires analogues à celles que la douce et patiente Scheherazade narrait à l'exigeant calife des Mille et une Nuits. Toute la vie quotidienne se heurtait à ces impératifs de la tradition : pour construire une maison, il fallait prendre garde de l'orienter suivant le « vent du bonheur » (Feng-Shui) : on ne pouvait fouiller la terre, de peur de meurtrir le dragon merveilleux qui la gardait. A chaque pas, dans la rue, on entendait retentir le son des gongs bruyants et les appels des sorciers qui mettent les mauvais esprits en fuite. Enfin, dans l'ombre des sanctuaires, aux pieds de la multitude des Boudhas dorés, parmi les nuages des batonnets d'encens, venaient se répandre les offrandes de la piété Chinoise : les papiers d'or, les bols de riz, les poulets, les canards laqués, destinés à conquérir les bonnes grâces de la divinité lointaine.

A ce propos, je vais vous raconter une aventure assez curieuse. Je visitais à Canton la pagode des Cent Mille Dieux. Parmi les alignements boudhiques une tête maigre et osseuse, avait frappé mes regards. M'étant enquis, auprès de mon cicerone de la signification de cette œuvre d'art étrangère, il m'avertit, à ma stupéfaction, que je me trouvais en présence de Marco-Polo — Mako-Polo, disait-il. Ainsi, le grand navigateur vénitien avait surpris au 13e siècle l'admiration des Jaunes, qui lui avaient réservé une place au milieu des divinités indigènes. A mon tour, je m'inclinai devant cet Ancêtre européen que m'avait fait découvrir le hasard.

En fait, le véritable culte dominant dans la Chine du Sud est celui des Ancêtres. Chaque famille a ses « dieux lares », les tablettes ancestrales, témoins silencieux du passé devant lesquels les descendants viennent accomplir les rites obligatoires. Les tombes sont soigneusement entretenues. Toutes les années, aux époques fixées, les parents du défunt viennent y procéder aux cérémonies coutumières. Lorsque le temps a fait son œuvre, le tombeau est rouvert et les ossements exhumés, pour être pieusement conservés dans des urnes. Le culte des ancêtres explique l'indestructible attachement du Chinois pour la terre qui l'a vu naître et son désir de revenir y mourir. On se rappelle la curiosité qu'excita l'ambassadeur Li-Hung-Tchang chez les barbares occidentaux, lorsqu'on le vit traîner, parmi ses bagages de grand seigneur mandchou, un magnifique cercueil, destiné, en cas d'accident, à le ramener en terre familiale parmi les morts de sa génération.

Cette conception cultuelle a joué un rôle capital dans la constitution de la société chinoise. Elle a permis à la notion de « famille » de s'établir et de subsister indéfiniment. Gardienne du foyer et des traditions, elle a été le support constant et le robuste soutien d'une organisation vétuste et chancelante. Elle est demeurée très vivace dans le Sud, où le peuple, essentiellement agriculteur, vit isolé dans ses fermes et a conservé des mœurs très simples.

Le père est le chef incontesté du groupe familial ; la femme ne joue qu'un rôle effacé, quoique les Chinois soient généralement monogames ; en entrant dans la maison de l'époux, elle en fait partie intégrante et perd sa personnalité. Les enfants mâles sont de bonne venue, car ils sont destinés à perpétuer le groupe et ses devoirs envers le passé. Les filles sont, au contraire, reçues avec indifférence ; les gens pauvres les vendent parfois, ou les abandonnent ; d'aucuns s'en débarrassent, dès leur naissance, par simple strangulation.

En sa qualité de « chef de la gens », le

père est responsable légalement de sa bonne conduite envers la société et c'est lui que va chercher la justice mandarinale en cas d'infraction à la loi. Et il ne pourrait en être autrement, à moins de réformer les rouages administratifs et judiciaires actuels et d'organiser une police, qui n'existe encore qu'à l'état d'ébauche. Un seul mandarin est en effet, chargé dans chaque sous-préfecture (et elles sont plus étendues que les formations analogues françaises), des multiples fonctions d administrateur, justicier, percepteur d'impôts, directeur des travaux publics, commandant de recrutement, etc. Malgré ses quelques « satellites », que pourrait-il faire, s'il n'était aidé dans sa tâche par les notables qui font la police de leurs clans respectifs et qui, par leur invincible liaison au sol, fournissent des éléments fixes de responsabilité que l'on peut retrouver sans grandes recherches.

Signalons aussi les curieuses corporations de mendiants qui existent dans certaines localités. Tous les éclopés de la vie s'organisent sous la direction d'un chef, qui distribue à chacun sa tâche journalière et procède au partage proportionnel des aumônes recueillies : tel autrefois, dans le vieux Paris, le roi des Truands et des Ribaudes à la Cour des miracles. Pour se débarrasser de cette gent importune, les notables de la ville lui paient volontiers un tribut annuel. Ajoutons qu'il faut être furieusement pauvre en Chine pour s'avouer indigent, car, avec quelques sapèques, chacun peut assurer son riz quotidien.

Comme on vient de le voir, la personnalité chinoise est essentiellement constituée par un empirisme figé dans une routine séculaire et il semble que la remarquable mémoire des Célestes, exercée par les milliers de générations passées, a absorbé à son profit les autres fonctions de l'intelligence. Elle s'épuise chez le lettré dans l'étude difficile et stérile de caractères compliqués. « Les caractères prétendus idéographiques expriment bien moins l'idée féconde, agile, vivante, aux rapports infinis, qu'ils ne figurent l'objet inerte, immuable, borné, mort. L'esprit n'en peut étendre ni épurer la signification matérielle... Quand je voyais ces adolescents, le coude en l'air, le pinceau vertical, dessiner à traits fins ou écrasés ces signes cabalistiques, qu'ils enjolivaient de hachures et de pointillés, ils me semblaient ciseler de petites cages où les idées s'étiolent et s'enkylosent » (1).

La crédulité du Chinois est extrême, et nous en citerons un exemple topique recueilli dans le « Journal d'un bourgeois de Pékin » paru dans les « Boxers » de M. d'Anthouard. C'était pendant le siège des Légations ; les Boxers prêchaient la croisade contre les « diables étrangers » et, pour frapper l'imagination de la foule, répandaient des bruits étranges de sorcellerie ». A ce moment-là, écrit le paisible bourgeois de la cité impériale, on a surpris, dit-on, des hommes de la secte du Nénuphar Blanc qui coupaient des plumes à des poules ; ces poules, une fois déplumées, n'étaient plus mangeables, leur chair devenait noire à la cuisson etc... (et d'autres stupidités) ! Si pourtant cela était vrai ! Il faut faire attention » ! Naïf et touchant aveu qui peint bien l'âme chinoise, au fond de laquelle sommeille toujours, dans quelque recoin, un atavique amour du mystère et du merveilleux.

Un pareil esprit transporté dans l'étude des sciences expérimentales, qui exigent la

(1) A. Bellessort, *Voyage au Japon*, *Revue des Deux Mondes*, 1er février 1901.

comparaison et l'interprétation rigoureuse des faits, devait évidemment produire des résultats déplorables. La pharmacopée chinoise est certes très étendue, et un observateur sagace pourrait y glaner, peut-être, quelques notions intéressantes. Le docteur Regnault a signalé qu'elle pratiquait, avant nous, l'opothérapie rénale, hépatique et pulmonaire, et prescrivait déjà des gésiers de poulets dans certaines dyspepsies, avant l'apparition de l'ingluvine. Mais il est certain aussi que la plupart de ses longues formules médicamenteuses sont en grande partie constituées par des remèdes analogues à la « poudre de sympathie », si fort en vogue en France au dix-septième siècle et que Mme de Sévigné qualifiait de préparation divine. Ils sont d'ailleurs administrés un peu au hasard par des rebouteurs, qui n'ont besoin d'aucun diplôme pour exercer leur art et dont les études se sont généralement bornées à enregistrer quelques pieuses recettes léguées par la tradition familiale : leur diagnostic ne repose sur aucun examen sérieux et scientifique du malade, et leur traitement, incapable de remonter jusqu'à la pathogénie de l'affection, en vise à peine la symptomatologie. Leurs connaissances anatomiques sont fantaisistes et leur chirurgie éminemment conservatrice guérit au moyen d'emplâtres divers : les multiples abcès sont soigneusement entretenus jusqu'au jour où la nature prévoyante intervient pour remplacer l'incision chirurgicale.

Le Chinois qui vient à la consultation européenne ne s'y présente qu'avec méfiance et en désespoir de cause, après avoir taté sans succès des diverses médications locales.

C'est sur ce terrain, que je viens de vous décrire, que devaient s'exercer les méthodes d'influence française et c'est ainsi que, pendant une période de 12 ans, coupée d'interruptions de fin de séjour, je m'efforçai d'attirer vers nous, par des actions médicales, les sympathies d'une population réfractaire, mais, en somme, honnêtement composée de commerçants et d'agriculteurs.

Au début, mon installation se réduisait à une simple boutique de louage et quelques rares chrétiens indigènes, amenés par les Missionnaires Français constituaient à peu près toute ma clientèle. Puis, les visiteurs s'enhardirent et furent plus nombreux ; la boutique devint une maison de plusieurs pièces. Enfin, devant l'affluence des clients, il devint nécessaire de construire un véritable hôpital et, lorsque je dis adieu à la Chine, près de 30.000 consultants venaient s'inscrire sur les registres de la formation sanitaire française. Les semences que j'avais patiemment insérées sur la terre des Jaunes, avaient fini par germer en une floraison abondante et vigoureuse.

Je dois raconter ici quelques-uns des évènements qui illustrèrent cette période d'évolution des méthodes médicales françaises. Je reçus un jour la visite d'un grand Amiral de la Marine Chinoise. Il fut déposé en grande pompe, sur un palanquin, au seuil de mon hôpital, revêtu de son costume de guerre qui lui donnait un aspect, à la fois comique et terrifiant. Il faut vous dire que sa flotte se composait à peu près uniquement de jonques, armées de caronades inoffensives. Cependant leur présence suffisait pour jeter l'effroi parmi les pirates qui écumaient le golfe du Tonkin et si, par aventure, quelques chefs ennemis demeuraient réfractaires devant cet appareillage guerrier, le combat s'engageait alors sur les tractations d'une paix pécuniaire, qui conduisait presque toujours à la capitulation de l'adversaire.

Ce haut mandarin était atteint d'une maladie de reins, avec complications hépatiques et cardiaques et un double épanchement pleural, lui occasionnant une oppression douloureuse ? Le seul remède d'urgence de cette dyspnée par compression était, évidemment, une ponction évacuatrice. Mais ce ne fut qu'après une série de conciliabules et de discussions interminables, que la nécessité de cette opération fut admise. A la vue du liquide jaillissant de son thorax, la surprise de l'amiral fut effarante. Enfin, il me fit ses adieux, le corps plus léger et le cœur joyeux, en m'assurant de sa reconnaissance. Cependant, une chose le chagrinait : la prescription d'un régime lacté, d'abord, puis lacto-végétarien. Le Chinois considère que le lait ne peut suffire à la nourriture du corps humain qui se trouve ainsi exposé à un dépérissement rapide et inéluctable

Tout allait bien, lorsqu'au bout d'une dizaine de jours, je vis apparaître dans mon cabinet un grand gaillard à la moustache blanche tombante, revêtu d'un mauvais veston de bazar et coiffé d'un chapeau melon crasseux, sous lequel disparaissait, enroulée, une tresse grisonnante. Quelle ne fut pas ma stupéfaction de découvrir, sous cet affublement grotesque, mon vieil amiral de jonques ! A ses côtés, un serviviteur traînait une caisse de conserves, où la marque Rodel tenait la meilleure place, composées de civets de lièvre, jambonneaux, rillettes de Tours et pâtés de foies gras. L'illustre mandarin avait imaginé que, puisqu'il était soumis à un régime européen, toutes les préparations culinaires devaient lui être permises, pourvu qu'elles fussent de provenance étrangère. Et c'est aussi dans le but de se rendre favorable le Dieu de la médecine française, qu'il se présentait, devant nous, revêtu de ce costume ridicule qui lui donnait l'aspect d'un épouvantail à moineaux. Il vécut encore pendant deux ans et, sans doute, aurait-il pu prolonger davantage son existence, si, poussé par une gourmandise insatiable, il n'avait enfreint trop souvent les prescriptions d'une diététique bienfaisante.

Une autre aventure, encore plus curieuse, contribua beaucoup à asseoir ma réputation de guérisseur français, car elle consacra une victoire obtenue sur un des médecins indigènes les plus en renom de la localité, et notre adversaire naturel, puisque nous menaçions les sources mêmes de sa clientèle. Lorsqu'il se décida à me faire appeler auprès de lui, je le trouvai en proie à des douleurs intolérables, par suite de l'impossibilité où il se trouvait d'effectuer, ce que l'on est convenu d'appeler, dans le public, un petit besoin, mais qui, physiologiquement, devrait être qualifié de grand, puisque sa suppression entraîne la perte de la vie. La limite de tolérance individuelle était bien près d'être atteinte et une rupture organique s'annonçait imminente, à moins d'intervention opératoire. Notre médecin, qui avait l'effroi du bistouri, la refusa d'abord énergiquement ; cependant, le lendemain, vers la 8e heure, on venait m'annoncer qu'il s'était fait conduire à l'hôpital Après de nouveaux palabres, et la douleur aidant, je finis par l'avoir à ma discrétion. Lorsqu'il se réveilla de son sommeil chloroformique, il eut la visible satisfaction de constater que les douleurs avaient disparu et que le danger d'une inondation interne était définitivement écarté.

Ce qui s'ensuivit fut encore plus singulier. Par suite de longueur du traitement, le malade fut obligé de vivre en familiarité, pendant plusieurs mois, avec la formation hospitalière et c'est ainsi que, peu à peu, il devint mon étudiant. Une autre manœuvre chirurgicale acheva de le conquérir définitivement à la science française. Il s'agissait d'un indigène atteint d'une maladie de foie qui détermine aussi de grands épanchements dans la cavité abdominale. Ici encore, la ponction évacuatrice était indiquée, car elle soulage beaucoup le malade envahi par une marée intérieure dont l'abondance dépasse quelquefois dix litres. Mais le Médecin chinois contestait à la fois mon diagnostic et cette nécessité opératoire. Je m'attachai alors à une mise en scène un peu dramatique : après avoir bien fixé le lieu d'élection de la ponction, armé d'un trocart, dont j'avais pris soin de limiter la pénétration par un doigt placé en atelle, je fis le geste de *poignarder* le patient. Le Médecin chinois, qui suivait ces préparatifs avec anxiété, les deux mains sur ses yeux, de manière à laisser filtrer le moins possible de son acuité visuelle, faillit tomber en défaillance. Cependant, voyant que l'opéré conservait son sourire, tandis que d'un robinet vissé sur son ventre jaillissait un liquide transparent, couleur de l'ambre, il se mit à pousser des cris admiratifs : « Shui ! Shui ! que d'eau ! que d'eau ! » disait-il, avec la satisfaction d'un sourcier qui aurait, tout à coup, découvert une source merveilleuse.

Or, à quelque temps de là, entrait à l'hôpital un autre malade rénal ou, si vous voulez mieux, un albuminurique, à la période des œdèmes. Mais cette fois-ci, le liquide était en surface, sous la peau infiltrée et non dans l'intérieur du ventre. Soumis à l'examen du médecin chinois, celui-ci voulait à tout prix le ponctionner et j'eus toutes les peines du monde à l'empêcher de s'emparer de mon trocart pour commettre un véritable homicide par ignorance. Je lui démontrai que la chirurgie n'avait rien à voir dans cette affaire, tandis que la médecine, par un régime et un traitement appropriés, allait, au contraire, faire éclater sa toute puissance. Bientôt en effet, l'évènement annoncé se réalisa : les gonflements disparurent et le malade revint à des proportions esthétiques normales. Ce jour-là, ma réputation de grand homme fut consacrée et célébrée par des arabesques d'or sur un large panneau de soie rouge, (couleur qui signifie le bonheur), que les sujets du Céleste Empire offrent à leurs hauts mandarins, en témoignage de leur admiration et de leur reconnaissance. Je pourrais multiplier les exemples qui expriment l'attitude de défense du milieu. C'est ainsi qu'à sa première amputation, je dus promettre, solennellement, à son propriétaire la remise du membre sectionné, car la Religion exige que les Chinois, après leur mort, se présentent devant les Esprits des Ancêtres, le corps au complet. Pour les mêmes raisons, le condamné à la décollation, accepte plus volontiers son supplice, si le bourreau, gagné à prix d'argent, lui donne la promesse de remettre sa tête dans le cercueil. Lorsque le condamné a subi son châtiment avec courage, il n'est pas rare de voir les soldats de l'escorte s'emparer du cœur, et s'en partager les débris, palpitants encore des derniers soubresauts agoniques. Ce ne sont point là des mœurs d'antropophage, mais simplement une pratique opothérapique spéciale, destinée à une inoculation psycho-organique de la notion courage.

Les formes de la reconnaissance ne s'exprimaient pas toujours sous les espèces que nous avons signalées plus haut. Il nous advint de recueillir un pauvre hère, atteint de carie costale. Il fut non seulement opéré et guéri, mais habillé et nourri, aux frais de la formation sanitaire. Un beau matin, il disparut brusquement, en me laissant seulement, comme souvenir, un chiffon de papier, reconnaissance du Mont-de-Piété, où il venait d'engager les effets hospitaliers. Aussi, avais-je l'habitude, à cette époque, d'appeler la reconnaisance chinoise, la reconnaissance du Mont-de-Piété. Mais ces cas étaient exceptionnels et, souvent, je rencontrais dans la rue, d'anciens malades guéris qui venaient à ma rencontre me baiser la main. Je me souviens, entr'autres, d'une jeune fille sauvée de la peste et d'une vieille femme, aveugle par cataracte, à laquelle j'avais rendu la vue, qui étaient les premières à venir me saluer à mes retours de France et à me faire l'hommage de quelques fleurs des champs, cueillies sur le bord des rizières. J'avoue que ces simples manifestations étaient pour moi plus précieuses que celles qui se seraient exprimées, sous forme d'honoraires somptueux, car elles témoignaient que j'avais su faire vibrer les fibres les plus intimes des cœurs réfractaires que je voulais conquérir à notre cause.

Naturellement, le petit hôpital franco-chinois avait aussi sa clientèle européenne et il lui arriva quelquefois de donner asile à de malheureux marins embarqués sur nos canonnières d'Extrême-Orient, et dont les tombes sommeillent sur la terre d'Asie, dans une concession française, pieusement entretenue par le souvenir.

J'avais aussi à lutter contre la concurrence étrangère qui disposait de moyens financiers beaucoup plus puissants que les miens, car les crédits qui m'étaient alloués atteignaient à peine 4 ou 5000 francs.

Les Anglais avaient une superbe installation, dirigée par une mission protestante, avec un budget d'une centaine de mille francs pour la soutenir, un personnel nombreux et un outillage médico-chirurgical des plus modernes. Bien que vivant un peu en frères ennemis, en marge les uns des autres, j'entretenais cependant avec eux les relations les plus cordiales, et il m'est arrivé plusieurs fois de remplacer le médecin de leur hôpital, absent ou malade.

Les relations étaient beaucoup plus tendues avec les Allemands, représentés par la « Kielher Mission », une organisation qui, sous les espèces confessionnelles, cherchait à intervenir dans toutes les affaires litigieuses entre chinois et protégés allemands. C'est chez elle que trouvaient volontiers asile, moyennant une rétribution pécuniaire, tous les malfaiteurs poursuivis par la justice mandarinale. Elle était fortement soutenue par leur Consul, qui cherchait toutes les occasions de brandir, aux yeux des autorités locales, le poing ganté de fer de la puissance germaine. Dans les relations privées, ce dernier se montrait vis-à-vis de nous d'une condescendance obséquieuse et arrogante, comme celle que l'on accorde aux parents pauvres. Un incident, qui se produisit dans les derniers jours de 1906, met bien en lumière cet état d'esprit.

A chaque 31 décembre, la coutume des ports de la Chine du Sud voulait que toute la collectivité européenne, sans distinction de nationalité, donnât une fête à l'occasion du nouvel an. La nôtre fut organisée avec la collaboration de quelques anglais et surtout de Français qui s'employèrent, de toute leur activité, à combiner un programme convenable et intéressant Les Douanes chinoises avaient prêté le local, un hall spacieux, où une petite scène avait été construite, J'avais été nommé commissaire de la fête et la plupart des étrangers, pour remercier la colonie française de la part active qu'elle avait prise à l'organisation de la réjouissance annuelle, avaient demandé que, parmi les écussons entourant la scène et exprimant des vœux de nouvel an, dans tous les idiomes parlés par les assistants, le nôtre fût placé au centre. Une dame allemande, de nature un peu nerveuse, s'étant avisée que notre inscription occupait la place d'honneur, en fut pâmée de colère et s'en alla incontinent trouver son Consul pour se plaindre de cette situation intolérable, qui insultait à la grandeur de la puissance allemande. Ce qui fut le plus effarant, c'est que ce dernier transforma cet incident mondain, de l'insignifiance la plus notoire, en incident diplomatique et courut s'en plaindre aux représentants de la France et de l'Angleterre, les menaçant, le cas échéant, de porter la chose jusqu'à son Ministre à Pékin. « L'état de danger de guerre » était déclaré ! Les autres commissaires, tout en déplorant l'indignité de l'attitude teutonne, vinrent me trouver pour me demander d'apaiser l'ire consulaire, en consentant à faire voyager notre carton jusqu'à une situation plus modeste. Mais, à mon tour, comme commissaire français, je fis remarquer que, n'ayant point sollicité cette place d'honneur, il ne nous appartenait plus aujourd'hui de nous incliner devant une pareille menace et de subir une humiliation certaine aux yeux de toute la population indigène. Je donnai ma démission de commissaire et pour bien montrer aux Allemands combien leur présence était indésirable, en quelques heures, la scène fut démontée, transportée à l'Ecole Française et la représentation eut lieu devant une nombreuse assistance, d'où nos seules rivaux avaient été exclus.

Un autre incident se produisit à l'occasion d'une partie de tennis où un agent diplomatique belge se trouvait parmi les joueurs. Au moment de choisir les partenaires, le Consul d'Allemagne dit au Belge : « Nous autres Allemands, nous « allons nous mettre ensemble ». Ce dernier « tressaillit et se tournant vers son col- « lègue : Pardon, dit-il, je me permets de « vous faire observer que l'Allemagne n'a « pas encore annexé la Belgique ! »

J'ai tenu à relater ces deux incidents pour bien montrer que déjà, à cette époque, la scission morale était complète entre les peuples qui devaient se dresser les uns contre les autres, dans la plus grande conflagration qui ait jamais ensanglanté l'humanité. A chaque instant, dans toutes les tractations chinoises, la France et l'Angleterre se heurtaient à l'intransigeance et à la brutalité germaniques. Dans une affaire où des chrétiens, protégés français, avaient été assaillis et blessés à coup de fusil par des indigènes, protégés allemands, j'eus les plus grandes difficultés, comme délégué du représentant de la France, à faire triompher le bon droit et à établir la justice de notre cause.

Dans cette bataille des influences, les missionnaires français étaient pour moi les appuis les plus sûrs et les plus précieux. Je tiens ici, à rendre hommage à ces chevaliers de l'Idéal, si dévoués à notre cause, qui, dans les conditions les plus pénibles et quelquefois les plus dangeureuses, menaient le combat lointain pour leur religion et leur pays. Habillés et vivant à l'indigène, car leur mission leur accordait à peine un subside annuel de 600 francs, ils devaient faire le reste avec leur cœur, leur activité et leur dévouement. Et cependant, malgré leur misère, c'est encore chez eux que l'on trouvait les néophytes les plus nombreux et les plus sincères, parmi lesquels nos agents diplomatiques puisaient leurs meilleurs informateur. J'ai raconté déjà, la belle œuvre qu'ils avaient accomplie dans l'île perdue de Ouai-Tchao, à 35.000 milles dans le sud de Pak-Hoi, où ils avaient fait germer, sur un sol ingrat, toute une colonie florissante de plusieurs milliers d'habitants, qui pensaient et priaient au nom de la France. Beaucoup de nos œuvres d'Extrême-Orient ont été amorcées et entretenues avec des indemnités payées par la Chine pour le massacre de missionnaires, victimes de la persécution et du fanatisme.

N'est-ce pas également à l'un d'entre eux que nous devons notre belle possession indochinoise. Ce fut Monseigneur Pigneau de Behaine, évêque d'Adran, vicaire apostolique au Tonkin, qui, à la tête d'une armée franco-annamite, s'emparait, en 1796, de Hué et, en 1812, d'Hanoï replaçant sur son trône l'empereur déchu, Nguyen Van-Nam, qui régna sous le nom d'empereur Gia-Long.

Parmi les autres évènements que j'ai vécus là-bas, je ne veux point oublier ceux qui marquèrent l'avènement de la République chinoise. Depuis longtemps, la maladie du « vieil homme » de Pékin était signalée et la poussée moderniste était venue battre en brèche les derniers remparts derrière lesquels il essayait encore de protéger sa constitution débile et désuète. La victoire de la Révolution fut facile : elle fut l'œuvre de commerçants du Sud de la Chine, qui voulaient échapper aux « Squeezes » des mandarins et de quelques intellectuels qui, comme Sun-Yat Sen avaient été élevés dans les Ecoles étrangères et y avaient puisé avec leur instruction, les levains de la révolte. La vague Sud-Chinoise vint déferler à Pak-Hoi en Novembre 1911 et voici dans quelles conditions :

Un beau matin, des bruits alarmants coururent en ville et l'on vit les fonctionnaires chinois de l'ancien régime s'égailler subitement dans toutes les directions où leur existence pouvait se mettre à l'abri. Les soldats mercenaires, abandonnés de leurs chefs et non payés de leur solde, se transformèrent aussitôt en bandes de pillards qui terrorisèrent la région, exigeant rançon des habitants. Les communications télégraphiques furent coupées et pendant 19 jours, la petite colonie européenne fut complètement isolée du monde extérieur, à la merci de la soldatesque révoltée. Chaque soir, on entendait le sifflement des balles au-dessus de nos maisons et une nuit même, le Consul d'Angleterre nous faisait prévenir qu'une bande de pirates, venant de la cité préfectorale voisine de Lien-Tchéou, était en route sur Pak-Hoi, pour se livrer au pillage. En toute hâte, pendant la nuit, les femmes et les enfants, sous la protection d'une escorte, furent conduits à une maison des Douanes Chinoises, située au bord de la mer, où tout avait été préparé, en vue d'une défense *in extremis*. Fort heureusement, les malandrins arrêtés, à peu de distance de la ville, par une compagnie de soldats fidèles, entretenue par la Chambre de Commerce de Pak-Hoi préférèrent aller razzier d'autres localités moins disposées à la résistance.

La région, avoisinant Pak-Hoï eut à souffrir de sérieux dommages par suite des incursions des pillards, opérant à la manière des Grandes Compagnies du Moyen-Age. Les missionnaires de l'intérieur furent molestés ; un des nôtres ne réussit à échapper à la mort qu'en prenant la fuite sur une jonque, caché sous une pile de bois. Dans un village, à 45 kilomètres de nous, un pasteur protestant, avec sa femme et un bébé de quelques mois, avait été assailli à coups de fusil et demeurait en détresse, au milieu des bandes hostiles. Après avoir été complètement dévalisé, le pasteur avait été abandonné dans le costume d'Adam, nanti pour tout vêtement, de son seul chapeau de clergyman, et de quelques boîtes de lait de conserve, que les pirates dédaignèrent. Avec deux employés des Douanes internationales chinoises, un anglais et un allemand, et un commis voyageur anglais de passage, j'organisai une expédition pour aller secourir le malheureux isolé. Nous partîmes à cheval, avec nos brownings pour toute arme défensive. Aussi bien, le succès de l'expédition ne pouvait dépendre que de la rapidité de son exécution. Arrivés à la tombée de la nuit dans le village dévasté, nous réussimes, après un long palabre avec le chef pirate, à obtenir la remise des prisonniers. Ce dernier voulait, à tout prix, nous imposer une forte escorte, dont je ne me souciais guère et qu'il accepta, enfin, de réduire à 10 hommes Au milieu de la nuit, je fis partir en chaise, avec des porteur de rechange, le clergyman et sa famille, accompagnés de l'un de nous. Puis à l'aube, lorsque je fus certain que nos rescapés avaient une vingtaine de kilomètres d'avance, nous jouâmes à notre tour la fille de l'air et trompant la surveillance de l'ennemi, nous nous enfuîmes au galop du village endormi. Notre aventure fut soulignée par un incident amusant, dont notre commis voyageur anglais fut l'auteur. En arrivant dans le village pirate, aux maisons hermétiquement closes, notre homme lut sur une enseigne, le nom d'un commerçant chinois, client de la firme qu'il représentait à Hong-Kong, l'*Asiatic Petroleum* Cie. Après avoir parlementé longtemps à la porte de la boutique, l'huis finit par s'ouvrir sous la main tremblante d'un chinois apeuré. Le résultat de cette visite domiciliaire fut la promesse d'une grosse commande de pétrole, pour le jour où les routes commerciales auraient retrouvé leur sécurité. Ce qui prouve que, même dans les circonstances les plus critiques, l'instinct commercial Anglais n'oublie jamais de faire valoir ses droits.

Enfin, le dix-neuvième jour, apparurent, à l'horizon de la mer, les bateaux de guerre qui nous délivrèrent de notre dangereux isolement. Ce fut d'abord un *tug-boat* des Douanes chinoises, puis un croiseur allemand : enfin, deux contre-torpilleurs français vinrent montrer, à leur tour, les couleurs nationales.

Quelques jours plus tard, des bateaux venant du Nord, débarquaient les troupes révolutionnaires — les Kouok-Ming-Tan. Après quelques batailles et escarmouches, toute la province fut entre leurs mains. Du haut de la vérandah de ma maison, je fus le témoin d'un incident de guerre, assez pittoresque. Pour protéger les concessions étrangères, l'ancien gouvernement y avait installé un petit fortin, avec une garnison d'une vingtaine d'hommes. Ces derniers avaient d'abord annoncé quelques vélléités de résistance, mais, au moment où les troupes révolutionnaires débouchant dans la plaine, commençaient une fusillade nourrie et désordonnée, car leurs balles perdues venaient s'aplatir jusque sur les murs de nos habitations, les soldats, vieux style, ne cherchèrent plus qu'à s'enfuir. Je pouvais les voir, coupant leur tresse, à grands coups de ciseaux et sautant par dessus les créneaux, pour gagner la campagne. Le premier ordre des Kouok-Ming-Tan avait été, en effet, d'exiger la chute des tresses, signes visibles de la servitude Mandchoue agonisante. Ce coup de ciseau déchira en même temps les longues robes de soie flottantes et ainsi disparut le pittoresque des attitudes des Hommes Jaunes, vivant suivant des rites, qui fixent les détails de la vie et le cérémonial compliqué des relations humaines.

Je dis définitivement adieu, en 1912, à la Chine du Sud, avec laquelle pendant 12 ans, mon existence s'était confondue. Au mois de Mai, je me trouvai dans la grande ville Anglaise de Hong Kong. Les Anglo-Saxons ont fortement marqué de leur empreinte cet îlot rocheux et dénudé, qui est devenu le plus grand port d'Extrême-Orient. Avec patience, ils ont apporté sur la pierre. la terre qui lui manquait, et sur le roc, ils ont bâti une ville de granit où circule le souffle affairé et puissant d'une race conquérante et commerciale. Assis au pied des ascenseurs du « Hong-Kong Hôtel », je pouvais voir défiler, devant moi, le flot des représentants des nations européennes que les Malles, issues de l'Ancien et du Nouveau Monde, venaient déverser dans le grand port, encombré par les navires.

Si de là, vous vous transportez à l'île voisine de Macao, la vision change brusquement. Aux maisons massives, où les banques se barricadent derrière des rideaux de fer, succèdent des rues silencieuses, immergées dans le soleil et bordées de maisons aux contre-vents verts, derrière lesquels palpitent les yeux noirs du Portugal assoupi, sous les chaudes effluves de l'Orient. Deux tombes illustres, celles de Camoens et de Saint-François Xavier, racontent, au milieu d'une maigre verdure, les anciens exploits des caravelles aventureuses.

Puis, le bateau se dirige vers le Sud et, après avoir longé l'île d'Hainan, fait escale dans les baies des parfums équatoriaux : Saïgon, où la poussière de terre rouge s'imprègne des odeurs de « nuoc-man » et des fumées de bois verts, Singapour, alourdie par les senteurs des fruits exotiques, et Colombo la Capiteuse, baignée dans le poivre, le camphre et la canelle qui se soudent aux émanations des torses bronzés des Hindous hiératiques.

Alors, le navire s'enfonce dans la lumière, sur la mer immobile, tous les sabords ouverts, frangés par une bande d'écume, qui glisse le long des flancs incendiés. Au crépuscule, le globe rouge frappe les flots de l'horizon comme sur un gong et sur ce long frémissement, la nuit se pose, apaisante et très claire, sous les étoiles qui scintillent.

Cette escorte tropicale nous accompagne jusqu'à Djibouti ou à Aden, qui sont les seuils de l'Occident. Sans doute la terre, qui apparaît devant nous, n'est point encore l'Europe Mais elle donne l'impression du déjà vu : le Moyen et l'Extrême-Orient sont bien loin derrière nous, par de là le vaste Océan Indien que nous venons de parcourir.

En terminant, faut-il chercher une conclusion ?

Pour ma part, il me semble que l'on pourrait en découvrir deux : l'une, que je qualifierai d'européenne, et l'autre exclusivement Chinoise.

A la fin d'une étude, publiée en 1914, (1) je laissais entrevoir les dangers de la modernisation du vieil Empire du Milieu. Mon opinion n'a pas changé et je crois même que la Grande Guerre, avec le brassage incessant des groupements humains qu'elle a affectué dans tous les points du globe, aura contribué à hâter l'éclosion du Péril Jaune. Notre prestige s'est fortement ressenti des contacts auxquels nous l'avons soumis et on ne doit point oublier qu'il constituait la meilleure partie de notre force orientale.

Il s'est également créé un mouvement panislamiste dont les ramifications s'étendent depuis les bords de la Méditerranée jusqu'à l'Extrême-Asie, en passant par les Indes, qui cherche à réunir dans un seul faisceau des efforts jusque là dispersés et sans cohésion. D'aucuns prétendent que ce

(1) *Revue Hebdomadaire.* Juin 1914.

mouvement pourra se transformer un jour en un mouvement panasiatique destiné à opposer l'Orient à l'Occident. Enfin, il y a encore le voisinage de la Russie bolcheviste à laquelle la Chine prête des soldats mercenaires.

Sans doute, le péril n'est pas immédiat. On ne déracine point, en quelques années, une nation aussi vieille que la nation chinoise, aussi attachée aux formules du passé, peuplée de 400 millions d'habitants et dont le Nord et le Sud ne parlent point la même langue. Il faudra quelque temps encore avant que les vagues révolutionnaires, qui agitent le vaste organisme, s'inclinent vers le repos. Mais l'Europe devrait s'inquiéter de ce danger et, puisqu'il en est temps encore, rechercher quelles sont les meilleures formules qui peuvent peut-être le conjurer ou, tout au moins, en retarder les réactions et en diminuer la violence. Il faudrait pour cela qu'elle consente à oublier ses querelles intestines et à regarder, pardessus son horizon, pour y chercher une politique européenne, je ne dirai pas seulement asiatique, mais mondiale.

Au point de vue Chinois, nos actions extérieures ont-elles été vraiment bienfaisantes ?

Si l'on admet que le bonheur d'une nation est uniquement lié à son activité intellectuelle et scientifique, il est certain que la Chine ne pourra que gagner à suivre l'évolution qui lui a été imposée par les « diables étrangers ». Mais il convient de remarquer que la civilisation particulière des Jaunes les avait conduits à dédaigner les manifestations fébriles de l'activité contemporaine et à s'immobiliser dans une série de formules subjectives, au parfum archaïque, qui ne jettent point le trouble dans les âmes. Pour eux, la longue recherche du bonheur était philosophique et s'efforçait seulement de réaliser l'harmonie des forces morales. Un de leurs Empereurs, séduit par des théoriciens, avait essayé déjà de donner une représentation réelle aux mirages des Paradis socialistes, qui tentent encore l'esprit de la foule moderne. Mais depuis, la déception étant venue, ils se contentaient, à l'époque du Nouvel An Chinois, de venir appuyer leur main impériale sur le soc de la charrue pour tracer le premier sillon, où devait germer les semences de la vie future. Par là, ils voulaient bien marquer qu'ils révèraient la Terre, mère nourricière du vaste Empire agricole. De même, honoraient-ils grandement les vieillards qui représentent le travail et l'effort dans le passé.

Une très vieille civilisation, aux caractéristiques rurales, immobilisée dans une manière de prison féodale, telles étaient les apparences sous lesquelles s'exprimait la Chine du Sud, il y a une dizaine d'années.

Nous croyons, pour notre part, que la politique des Européens en Extrême-Asie eût été vraiment efficace, si, en même temps qu'elle instruisait les Chinois de notre modernisme elle s'était inquiétée de ne point troubler leur évolution morale, s'efforçant seulement de l'améliorer. Malheureusement, à ce point de vue, l'Occident s'est montré un éducateur déplorable et a livré à un grand peuple tous les secrets de sa force brutale, sans chercher à se ménager ses bonnes grâces spirituelles. Cela tient à ce que les directeurs de l'évolution extrême asiatique ont été surtout des hommes d'affaires, qui ne rêvent que les bénéfices à courts termes des entreprises, sans se soucier de leurs conséquences sociales

Gardons-nous de mépriser la vieille sagesse des Célestes et faisons réflexion que des énergies industrielles, indisciplinées, ont jailli des forces redoutables qui viennent de mettre en péril l'Humanité.

La Science enfante des choses puissantes

et monstrueuses qui peuvent à la fois produire le Bien ou le Mal.

Il faut savoir utiliser le premier et enchaîner le second ; sinon, mieux vaudrait encore respecter le sommeil du Dragon qui se dérobe dans les profondeurs de la terre. Mais ceci est une autre histoire et qui serait trop longue à raconter, puisqu'elle remonte au-delà du déluge, que nos ancêtres, Adam et Eve, en avaient déjà discuté sous un arbre du Paradis, l'arbre de la Science, et que l'on en discourait encore à Washington, à Cannes et à Gênes, sous l'œil des Barbares, venus de la Russie Bolcheviste.

Dans la prochaine conférence, nous irons si vous le voulez bien, nous promener en Afrique Après ces deux excursions dans les régions où se trouvent les parties les plus importantes de notre domaine exotique, il nous sera permis d'esquisser les grandes lignes du Problème Colonial, dont la solution engage un peu tout l'avenir de notre patrie, accablée par les détresses financières que nous a léguées une paix victorieuse mais hélas ! décevante.

Docteur S. ABBATUCCI.

St-Amand (Cher). — Imp. Ch.-A. BÉDU (Soc. an.).

www.ingramcontent.com/pod-product-compliance
Ingram Content Group UK Ltd.
Pitfield, Milton Keynes, MK11 3LW, UK
UKHW022145170726
13837UKWH00004B/1794